Le monde merveilleux de mes 6 ans

Texte d'Emmanuelle Lepetit
Illustrations d'Olivier Desvaux

FLEURUS
Direction : Guillaume Arnaud
Direction éditoriale : Sarah Malherbe
Édition : Virginie Gérard-Gaucher, Sarah Favaron

Direction artistique : Élisabeth Hebert assistée d'Ariane Bienaymé
Mise en page : Karen Pasquier

Fabrication : Thierry Dubus, Audrey Bord

Site : www.fleuruseditions.com
ISBN : 978-2-2151-2529-7
N° d'édition : 14012
MDS : 652 094

Achevé d'imprimer en mai 2014 par Toppan, Chine
Dépôt légal : septembre 2014

Le monde merveilleux de mes 6 ans

FLEURUS

Œil-de-Biche et le guerrier sans nom

Ce soir, une grande fête se prépare au village sioux. Le chef a mis sa coiffe de cérémonie. Il s'avance vers Petit-Indien et lui dit :
– Le moment est venu. Demain, tu auras six ans. Tu devras quitter la tribu pour subir la Grande Épreuve.

Petit-Indien frémit. Il sait ce que veut dire le chef. Demain, il devra partir loin du village, seul, pendant trois jours et trois nuits.
Il attendra, parmi les loups et les lynx, que le Grand Manitou, tout là-haut, lui adresse un signe. S'il comprend le message, alors il trouvera son nom, le nom de guerrier qu'il portera toute sa vie.

Le chef pose sa main sur l'épaule de Petit-Indien :
– Un garçon sans nom n'est pas un vrai Indien. Demain, tu iras gagner le tien pour devenir un homme.
Alors, sur le visage de Petit-Indien, on peint des signes mystérieux.
Le grand sorcier brûle les herbes magiques qui chassent les mauvais esprits.
Les guerriers exécutent les danses sacrées autour du totem.
Et les anciens fument le calumet.

La fête dure toute la nuit. Sous le tipi de ses parents, Petit-Indien ne parvient pas à trouver le sommeil. Son coeur bat fort dans sa poitrine. Il a peur. Il se sent si petit encore pour partir seul sur la grande plaine...

Soudain, Petit-Indien tend l'oreille.
– Pssst ! fait une voix flûtée, à l'extérieur.
Un pan de tipi se soulève et deux yeux brillants, encadrés de longs cils et de deux tresses brunes, font leur apparition.
– C'est toi, Œil-de-Biche ?!
– Chut ! lui répond la fillette à mi-voix. J'ai une proposition à te faire : demain, je viens avec toi...
– Mais c'est interdit ! s'écrie Petit-Indien. Je dois partir seul. En plus, les filles n'ont pas le droit de participer à l'épreuve. C'est un truc de garçons.
– Ras-la-plume des trucs de garçons ! se rebelle Œil-de-Biche. J'en ai marre de rester au tipi à coudre et à faire cuire les steaks de bison. Moi aussi je veux partir à l'aventure ! Moi aussi j'aurai bientôt six ans ! Écoute : demain, tu me laisses partir avec toi en secret. En échange, je t'aiderai à gagner ton nom d'homme...

Petit-Indien réfléchit. Œil-de-Biche a beau être une fille, elle sait très bien tirer à l'arc, ce qui pourra lui être utile contre les bêtes sauvages. En plus, elle lui tiendra compagnie.
– Entendu ! murmure Petit-Indien. Mais surtout, sois discrète !

L'aube s'est levée sur le village. L'heure du départ est arrivée. Les hommes en armes se placent autour du chef, les femmes et les enfants plus loin.

Petit-Indien s'avance. On lui offre une gourde d'eau fraîche. Il n'a le droit d'emporter aucune nourriture. Pour manger, il devra se débrouiller seul.

– Va, lui dit le chef. Et que le Grand Manitou te protège.

Petit-Indien salue le chef.
Il salue ses aînés.
Puis il salue son père.
Il aurait bien aimé embrasser sa mère,
et même lui faire un câlin, mais il n'a pas le droit.

Alors il part tout droit. Il bombe le torse et regarde en direction de la montagne Bleue. C'est là qu'il a décidé de se rendrc.
Il ne sait pas pourquoi, c'est juste une idée...
Il s'éloigne sans un regard en arrière.
Tout le monde au village le trouve très courageux !

Petit-Indien marche depuis plusieurs heures. Il jette des regards alentour, mais aucune trace d'Œil-de-Biche.
« Si ça se trouve, elle n'a pas réussi à sortir du village et je suis vraiment tout seul ! » panique Petit-Indien.

Au même instant, un sifflement s'échappe des hautes herbes.
– Œil-de-Biche ? souffle le garçon en se penchant vers le buisson.
Mais il se retrouve nez à nez... avec un serpent à sonnette !
– Surtout ne bouge pas, nigaud ! dit alors une voix espiègle derrière lui.
Une flèche acérée file dans les airs et frappe le serpent en plein front.
– Merci, Œil-de-Biche ! Sans toi, je serais mort, la félicite Petit-Indien.
– Tout le plaisir est pour moi, répond la fillette. Mais souviens-toi de notre ruse : je ne suis pas là. À présent que tu as tué cet animal, tu peux te faire appeler « Tête-de-Serpent » : c'est un chouette nom pour un guerrier !

Mais Petit-Indien baisse les yeux. Il n'a pas envie de porter un nom qu'il n'a pas mérité.

Plus tard dans la journée, Petit-Indien se fait attaquer par un coyote affamé. Une fois encore, Œil-de-Biche est là pour le protéger.

Le soir venu, il se fait même charger par un troupeau de bisons énervés. Heureusement, Œil-de-Biche réussit à leur faire rebrousser chemin.

Lorsque la nuit arrive, Petit-Indien s'endort avec un drôle de sentiment au creux du ventre. Coyote-Hurleur ou Corne-de-Bison, ce sont des noms trop bien pour lui.

Le lendemain, en reprenant sa route, Petit-Indien découvre un gros œuf blanc dans les herbes de la prairie.

– Mangeons-le, je meurs de faim ! propose Œil-de-Biche.
Mais Petit-Indien hésite. Il lève la tête, il lui a semblé entendre un appel au loin. Est-ce enfin un signe du Grand Manitou ?
– Tu es toujours en train de rêvasser ! râle la fillette. Alors, on se la fait cette omelette, ou pas ?
– NON ! décide Petit-Indien.

Arrivé au pied de la montagne, il commence l'escalade. Il grimpe, l'œuf calé sur son dos, de plus en plus haut. Pour une fois, Œil-de-Biche ne l'a pas accompagné. Elle a le vertige !

Petit-Indien a presque atteint le sommet de la montagne. Il se sent bien fatigué. Ses bras lui font mal, ses mains sont écorchées. C'est alors qu'accroché à la paroi rocheuse, il aperçoit un grand nid. Il va s'y réfugier.

Le garçon dépose l'œuf au centre du nid, puis regarde le soleil se coucher sur la prairie. Il voit Œil-de-Biche en train de chasser, petit point noir sur le vert de la plaine. Il voit aussi le coyote et les bisons. De là-haut, le monde est si différent : les choses qui font peur quand on est tout en bas semblent aussi minuscules que des fourmis.

L'obscurité venue, Petit-Indien finit par s'endormir. Le deuxième jour est écoulé, et il n'a toujours pas trouvé son nom de guerrier.

À l'aube du troisième jour, Petit-Indien est réveillé par des piaillements. Il se redresse, se frotte les yeux…
– Oh, l'œuf a éclos ! s'étonne-t-il.
Dans le nid, un oisillon s'égosille, bec grand ouvert.

Petit-Indien saisit sa gourde, elle est presque vide. Il n'a pas bu depuis la veille. Et il lui reste un long chemin à parcourir pour rentrer chez lui.
Pourtant, il n'hésite pas.

Il verse ses dernières gouttes d'eau dans le bec du bébé oiseau.

Cette fois, c'est sûr : au loin, un long appel a retenti. Petit-Indien lève la tête. D'abord, il ne distingue qu'un point à l'horizon. Puis la vision se précise. Un magnifique aigle blanc se dessine bientôt sur le bleu du ciel. Il se pose au bord du nid. Dans son bec, il tient une branche de baies rouges et sucrées. Et... surprise, le voici qui la tend à Petit-Indien !

Le garçon se régale des fruits, qui apaisent sa faim et sa soif.
Puis il s'adresse au grand oiseau, roi de la plaine :
– Merci, Aigle Blanc. Le Grand Manitou a voulu que nous nous aidions l'un l'autre. La loi de la tribu me permet donc de choisir un nom. Désormais, je m'appellerai Frère-de-l'Aigle.

L'oiseau déploie ses ailes. De son bec, il arrache la plus blanche de ses plumes et la laisse tomber près du petit homme. Frère-de-l'Aigle ramasse la plume et la pique dans son bandeau. Qu'il a fière allure !

Mais soudain, un grognement parvient aux oreilles du garçon. En contrebas, il avise Œil-de-Biche aux prises avec un gigantesque ours brun. Contre ce monstre de la nature, ses flèches ne sont que gouttelettes de rosée. La fillette se bat avec vaillance, mais l'animal l'a coincée au pied de la falaise.

L'aigle a suivi le regard de son frère. Alors, lui aussi prend la parole :
– Monte sur mon dos, dit l'oiseau au petit homme.
Ils descendent en piqué, plus rapides que le vent, bec en avant.

L'attaque est fulgurante. L'ours blessé se défend à coups de griffes. Profitant de la diversion, Œil-de-Biche lui a sauté sur le dos. Quelle audace ! Elle dégaine le poignard qu'elle garde attaché à sa ceinture. Sa lame d'argent s'enfonce dans le cou de l'animal, qui s'effondre.

Frère-de-l'Aigle a bondi à terre. Il court vers Œil-de-Biche.
– Tu es mon héros ! chuchote la fillette en lui sautant au cou.
– Je n'ai rien fait, c'est lui ! dit le garçon en se tournant vers l'oiseau.
Mais déjà l'aigle a repris son envol, petit point blanc sur le bleu du ciel...

À la surprise des enfants, un visage cuivré, puis deux, puis trois et une foule d'autres surgissent alors des hautes herbes de la prairie. C'est le grand chef sioux et ses guerriers. Après s'être aperçus de la fugue d'Œil-de-Biche, ils sont partis à sa recherche sur la plaine. Ils sont arrivés trop tard pour la secourir, mais ont assisté au combat des enfants et de l'ours.

Le vieux chef s'avance et déclare d'un ton grave :
– Bravo à toi, Frère-de-l'Aigle : tu es destiné à devenir un grand guerrier.

Puis il se tourne vers Œil-de-Biche et fronce les sourcils :
– Quant à toi, coquine, tu as défié la loi de la tribu en partant sur la plaine, comme un garçon ! Tu as fait preuve d'insolence, de désobéissance... mais aussi d'une bravoure que n'ont pas la plupart de mes soldats ! Tu es donc pardonnée. Bravo à toi, jeune guerrière !

Il court, Frère-de-l'Aigle, il vole presque sur la plaine. Il file sans craindre les serpents, les coyotes et les bisons. Il a hâte de rentrer au village où un grand festin l'attend.
À ses côtés, Œil-de-Biche bondit telle l'antilope, le sourire aux lèvres.
– Alors, lui demande son ami, comment vas-tu t'appeler désormais ?
– Mon nom de guerrière sera Ourse-Vaillante.
– C'est chouette... hum...
– Quoi ?
– Rien... C'est très joli comme nom, Ourse-Vaillante.
– Tu as une meilleure idée ?
– Je préfère Œil-de-Biche.
– Mouais... le côté « biche » me gêne un peu.
– C'est à cause de tes yeux...
– Qu'est-ce qu'ils ont mes yeux ?
– Eh ben... bafouille le garçon. T'as de beaux yeux, quoi !
– Ça, c'est encore une ruse pour me voler un bisou !
– Pas du tout. Je dis juste que tu as les plus beaux yeux de la plaine.
À ces mots, la fillette s'arrête et devient toute rose.
– Alors d'accord, toi, tu pourras continuer à m'appeler Œil-de-Biche, mais juste quand on est seuls tous les deux.
– Entendu, Œil-de-Biche ! Ce sera notre secret.

À chaque animal son empreinte

• Bison

• Serpent

• Biche

• 

• 

• 

Lapin

Ours

Aigle

Chien

Relie chaque animal à son empreinte.

Atelier bricolage : crée ton tipi

Un tipi est facile à construire et nécessite un minimum de matériel, alors à toi de jouer et de te construire un bel abri dans la forêt !

Un drôle de mot

En langue sioux, tipi signifie « utilisé pour vivre à l'intérieur ». Si fragile qu'il puisse paraître, le tipi est donc la maison des Indiens. Léger, démontable, c'est un vrai refuge d'aventuriers !

Tipis en peau !

Le tipi était chaud mais bien aéré grâce à son ouverture entre les perches tout en haut. Cette ouverture servait aussi de cheminée et permettait de faire un petit feu pour se chauffer en hiver.

Fabrication

Commence par poser le tapis de sol. Relie entre elles trois perches ① avec l'aide d'un adulte.
Avec ces trois perches, forme sur le sol un trépied de base en les disposant sur le bord du tapis. Puis intercale de façon régulière ② les perches restantes.
Il faut ensuite placer la toile et la faire tenir sur la structure de bois avant de la fixer au sol avec des petits piquets plantés ③ dans la toile et la terre.
Tu auras besoin de te faire aider par un grand.

Matériel

* 12 perches de 3 mètres
* Toile de tente (demi-cercle de 4 mètres de diamètre)
* Tapis de sol en tissu imperméable (cercle de 2 mètres de diamètre)

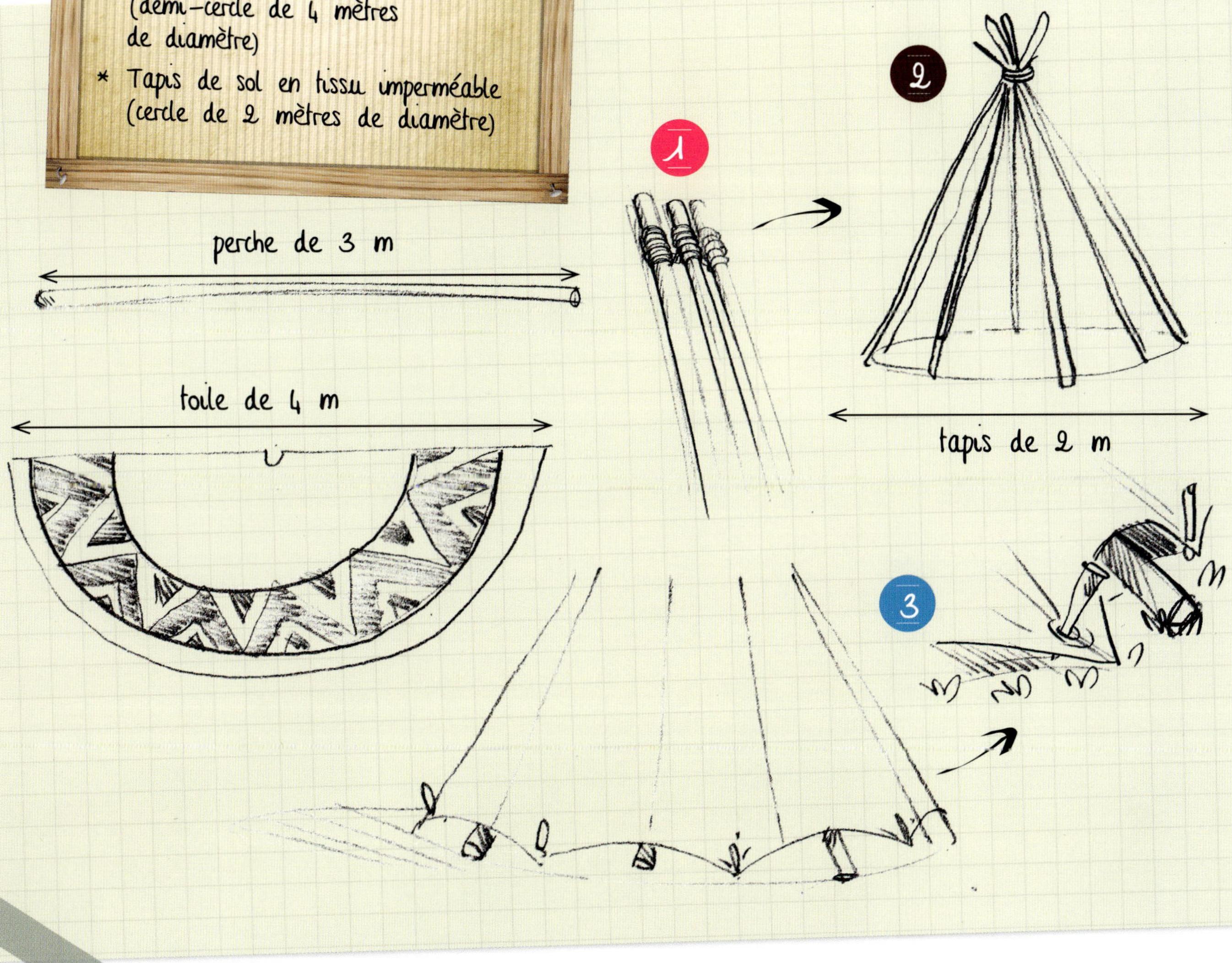

Labyrinthe

Œil-de-Biche veut retrouver Frère-de-l'Aigle dans la forêt.
Elle doit d'abord récupérer son arc et ses flèches. Mais attention aux bisons !

Les tribus

Les Sioux

habitaient dans des villages et pratiquaient l'agriculture et la cueillette. Ils étaient aussi d'excellents chasseurs de bisons. Les Sioux s'appellaient entre eux « Oceti sakowin oyate » : « le peuple des Sept Feux ».

Les Illinois

habitaient au bord d'une large rivière. Ils étaient de grands pêcheurs et de grands chasseurs de bisons, mais aussi agriculteurs. Souvent, ils descendaient la rivière sur leurs canoës.

Au début, *les Cheyennes* étaient de grands agriculteurs. Ils vivaient près de la forêt et travaillaient le bois. Mais, plus tard, ils se sont déplacés dans les plaines et sont donc devenus des chasseurs de bisons.

Les Cherokees, chasseurs émérites, traquaient l'élan, le cerf, l'ours, mais aussi des animaux plus petits. Ils complètaient leur alimentation avec la cueillette de fruits.
Selon une tradition, quand un jeune Cherokee était amoureux, il devait jouer à sa bien-aimée un morceau de flûte avec un instrument fabriqué par lui-même.

Les Apaches étaient de féroces guerriers et des chasseurs remarquables. Lorsqu'ils dansaient, ils mettaient de grands costumes et se peignaient le visage.
Leur dieu s'appelait Yasun.

Les différentes tribus

- **Illinois :**
ils vivent aussi au nord, vers les Grands Lacs.

- **Sioux :**
ils habitent au nord du Midwest américain.

- **Cheyennes :**
ils vivent dans les montagnes du Colorado.

• *Apaches :*

ils vivent sur la côte sud-ouest.

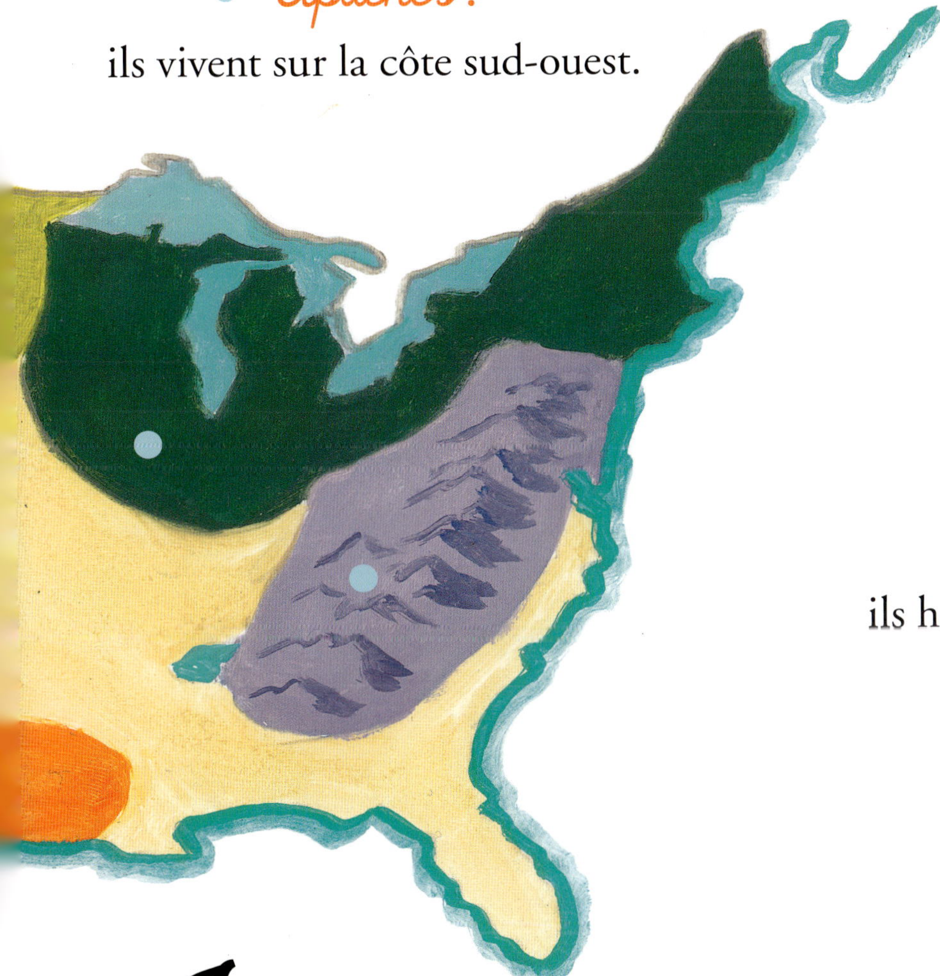

• *Cherokees :*

ils habitent dans les montagnes, à l'est.

Il existe beaucoup de tribus d'Indiens différentes, et, avant l'arrivée des Européens, elles ne vivaient pas toutes au même endroit.

Remets chaque tribu à sa place.

Quand j'aurai 7 ans, je connaîtrai l'histoire des Indiens

Les Indiens d'Amérique étaient les premiers habitants du continent américain, avant l'arrivée des Européens. Ils vivaient dans des tipis et chassaient le bison pour se nourrir. Ils étaient armés d'arcs et de flèches, mais aussi de petits couteaux. Leurs enfants s'appelaient des papooses.

Solutions des jeux

À chaque animal son empreinte

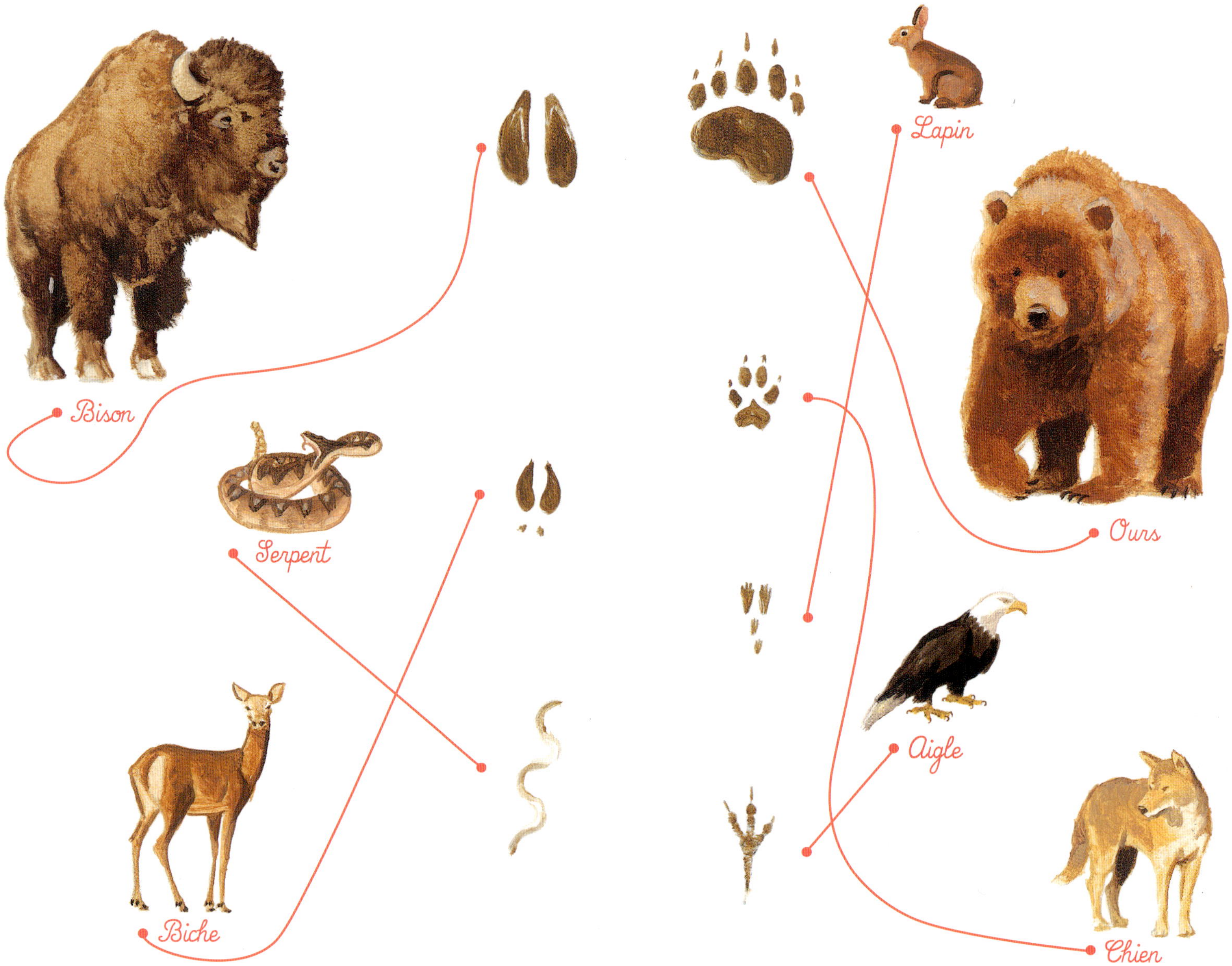

Labyrinthe

Les tribus